Natalia Suriel Lopez Buhl

Selbstbestimmt mit Lichtarbeit

Natalia Suriel Lopez Buhl

Selbstbestimmt mit Lichtarbeit

Eigenverantwortlich mit dem eigenen Energiekörper umgehen

Trainerverlag

Imprint

Cover image: www.ingimage.com

Publisher:
Der Trainerverlag
is a trademark of
International Book Market Service Ltd., member of OmniScriptum Publishing Group
17 Meldrum Street, Beau Bassin 71504, Mauritius
Printed at: see last page
ISBN: 978-620-0-76910-7

Inhaltsverzeichnis:

Einleitung - 2

Was ist Lichtarbeit - 3

Die Aura eines jeden Lebewesen - 6

Meditation - 19

Yoga - 22

Privat oder Beruflich Lichtarbeit anwenden - 33

Verbindung nach Oben - 41

Anhang - 44

Einleitung

Ich möchte gerne Menschen, die Interesse an der Lichtarbeit haben, dabei unterstützten, einen Einstieg in die Energiearbeit zu finden.

Wenn du dich mit bestimmten Fragen beschäftigst wie:

Was kann ich für mein Wohlbefinden tun?
Wie finde ich meine innere Weisheit?
Wie ist es möglich, sich mit Energie aufzuladen und energetisch zu reinigen?
Wieso fühle ich mich im Austausch mit einigen Menschen kraftlos?
Wie ist es möglich in den Kontakt mit der Natur zu kommen?

Dann ist dieses Buch vielleicht eine kleine Hilfe oder eine Inspiration für dich.

Die Übungen und Methoden, die hier beschrieben werden, wende ich in meiner eigenen Praxis an. Ich freue mich über diesen Weg, das Wissen weiter zu geben.

Ich wünsche dir viel Freude!

1.Was ist Lichtarbeit?

Den bewussten Umgang mit Energie, nennt man Lichtarbeit/Energiearbeit. Dieser Name steht für viele verschiedene Formen dieser Arbeit, wie zum Beispiel Reiki, Yoga, Prana Heilung, u.v.w.. Es wird bewusst Energie transportiert, transformiert oder in einen Stoff/Materie umgesetzt.

Alles besteht aus Energie. Es ist gebundenes Licht, was in unterschiedlichen Formen durch die Dichte sichtbar wird. Das Universum und somit auch die physische Welt pulsiert und schwingt, denn alle Dinge sind von Energie belebt.
Jede Nervenzelle, die aktiviert wird, produziert Energie, die durch unseren Körper fließt. Über die mentale Ebene können wir unter anderem darauf Einfluss nehmen. Jeder Gedanke (positiv wie negativ) erzeugt Energie und verändert das Energiefeld. Das kann uns psychisch wie physisch beeinflussen, was wir oft erst merken, wenn wir erkranken.
Die Lichtarbeit befasst sich mit den fein stofflichen Ebenen, die in und um unseren Körper wirken. Ziel ist es dabei, mit verschiedenen Techniken und Wissen die Energie-Balance wieder herzustellen, also die Energieströme im Körper zu reinigen, ins Gleichgewicht zu bringen und sie zu harmonisieren.
Dabei trifft man auch auf Glaubensmuster, Verhaltensmuster, die uns und unser Leben stark beeinflussen und manchmal sogar lenken. Diese Muster werden durch verschiedene Einflüsse von außen in unser System „einprogrammiert", wie zum Beispiel durch die Erziehung, die Gesellschaft und das kollektive Gedankenfeld was von uns Menschen geschaffen wird.

In der Lichtarbeit werden wir verstärkt mit universeller Lebenskraft versorgt. Blockaden und Widerstände können gelöst werden und wir entspannen und finden den Platz in unserer Mitte wieder. Es können auch Informationsübertragung stattfinden, die magnetisch wirken. Durch die verschiedenen Methoden der Lichtarbeit können diese Informationen übertragen werden, vom Handauflegen bis hin zum Arbeiten mit der Aura. Wichtig ist, dass die Energie „rein" ist, also aus dem Höheren Selbst kommt. Einige nennen es auch die Quelle, Brahman, Gott, Liebe... So bringen wir diese Information in die Materie und wir fühlen uns stärker, lebendiger und wir versorgen uns mit dem was wir brauchen.

Es fördert die Kontaktaufnahme zu uns selbst. Dadurch ist es uns möglich, sich wieder zu entdecken, zu wissen wer man ist und was man für sich braucht. Dann können sich unsere Selbstheilungskräfte auf allen drei Ebenen (Körper, Geist und Seele) entfalten.
Mit der Lichtarbeit können wir einen Ausgleich zwischen Materie und Energie, also den Polaritäten, herstellen.

Die Energie, die in allen Dingen lebt und schwingt, ist von der Wissenschaft mittlerweile messbar. Einige Menschen begrenzen ihre Wahrnehmung nur auf das was sie sehen können.
Aber nur, weil man genau diese Energie, die uns am Leben hält nicht physisch sehen kann, bedeutet es nicht, dass sie nicht existiert.
Wir sind in der Lage uns mit genau dieser Energie täglich aufzuladen und uns mit allem zu versorgen was wir brauchen. Die Energie ist unbegrenzt und wir können uns von der Erde und dem Kosmos damit auffüllen. Die meisten von uns haben den Zugang zur Erdenergie verloren und sind häufig erschöpft, zerstreut und instabil.

Sich bewusst mit Erdenergie aufladen

Häufig nehmen wir unbewusst Energie von anderen, um uns aufzuladen. Oder andere nehmen Energie von uns und wir fühlen uns nach einem Treffen oder einem Telefongespräch müde, matt.
Wenn wir uns aber wieder daran erinnern, wie wir uns selber versorgen können, indem wir uns wieder mit der Erde verbinden und in den Kontakt gehen, dann brauchen wir nichts von anderen zu nehmen.
Wenn wir verstehen, dass diese Energie, diese Ressource unbegrenzt vorhanden ist, anders wie die anderen Ressourcen der Erde, dann werden wir selbständiger und gehen in die Selbstverantwortung und sind in Liebe und Dankbarkeit verbunden mit allem.

Gehen wir in Kontakt mit Mutter Erde, so werden wir stärker und lebendiger sein und das wiederum erzeugt mehr Lebensenergie, die wir auch ausstrahlen und so der Erde wieder zu kommen lassen. Wir sind mit ihr verbunden und verstehen, dass wir alle ein lebendiger und pulsierender Organismus sind und somit Eins sind.
Du kannst dich mit Bäumen, Pflanzen, Flüssen und dem Meer verbinden und so aufladen.
So wie du dein Handy auflädst, so lade dich mit der Fülle der Natur auf.

Übungen zum Aufladen

Bevor du dich aufladen möchtest, empfehle ich dir, mit einer Atemübung zu beginnen. Denn die Energie, die uns umgibt, durchdringt und uns am Leben hält nehmen wir auch über die Atmung auf. Im Yoga spricht man von Prana, die Lebensenergie. Durch das bewusste Atmen versorgen wir unseren physischen Körper mit Prana.
Eine einfache Atemübung ist die Bauchatmung.

Einige Menschen, die vor einer großen Menschenmasse Reden halten oder auch Schauspieler, die auf der Bühne stehen, nutzten diese Form des Pranayamas/Atemübung, denn sie beruhigt das Nervensystem und mindert somit die Nervosität.

Bauchatmung:
Ruhiges ein- und ausatmen.
Einatmen, der Bauch geht hinaus,
Ausatmen der Bauch geht hinein, Richtung Wirbelsäule.
Achte darauf, dass die Ausatmung etwas länger fließt als die Einatmung.
Setzte dich zu einem Baum oder stehe neben ihm, gerne barfuß und nehme Kontakt auf. Du kannst ihn berühren oder du stellst dir vor, wie du dich über dein Herz mit ihm verbindest. Spüre seine Wurzeln, seine Erdung, seine Energie und atme die Energie mit der Bauchatmung ein. Mache diese Übung so lange bis du dich aufgeladen fühlst.

Du wirst schnell merken, wie du ruhiger wirst, wie sich die Gedanken beruhigen und du konzentrierter und kraftvoller bist. Wenn du möchtest bedanke dich bei dem Baum.

Diese Übung kannst du mit Pflanzen, im Wald oder am Wasser machen und dich mit deren Energie versorgen/aufladen. Du kannst diese Übung für dich, aber auch für andere nutzen, zusammen mit deiner Familie oder deinem Haustier.
Ebenso ist es möglich, diese Energie an jemanden zu schicken, der vielleicht aus gesundheitlichen Gründen nicht selbst in der Lage ist.
Nutze eine Atemübung und nimm deine Hände, um das erzeugte Prana an denjenigen zu senden. Egal ob du es ihm geistig, also über deine Gedanken zukommen lässt, oder ob du ihm physisch die Hand auflegst.

2. Die Aura eines jeden Lebewesen.

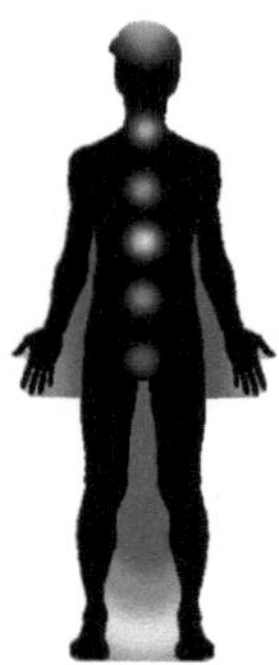

Beschäftigt man sich mit Lichtarbeit/Energiearbeit kommt man nicht umher sich auch mit der Aura und den Chakren zu beschäftigen, da sie großen Einfluss auf unser gesamtes Wohlbefinden haben. Sie sind ein Teil von uns, genauso wie der physische Körper.

Die Aura ist das Energiefeld, der Energiekörper, die den physischen Körper wie eine Hülle umgibt. Häufig wird sie auch mit Ausstrahlung übersetzt. Ein magnetisches Feld, in dem wir die Energien heranziehen, die wir ausstrahlen. Wie im Inneren, so auch im Äußeren.

In im Yoga, spricht man von sieben Aura Schichten, die von hellsichtigen Personen gesehen und gespürt werden können. Anhand dessen, wie sich die Aura anfühlt und welche Farbe sie hat, kann man den Gesundheitszustand und die Stimmung eines Lebewesens sehen. Gibt es Risse oder Löcher in der Aura? All das können hellsichtige und hellfühlige Menschen wahrnehmen.
Die verschiedenen Schichten der Aura unterscheiden sich in Funktion, Größe und Farben.
Ist der Mensch gesund und ausgeglichen, ist die Aura leuchtend in vielen verschiedenen Farben zu sehen. Sie ist kräftig und widerstandsfähig.

Die Aura eines gesunden Menschen kann sich auf einige Meter weit ausdehnen. Jedes Lebewesen und jedes „unbelebte Ding“ hat eine Aura.

1. **Die physische Hülle**: anna maya kosa, so heißt es in den Schriften des Yoga, ist die Nahrungshülle, der grobe feste physische Körper. Er besteht aus den Elementen der physischen Welt und ist die dichteste Hülle. Diese Hülle sehen Menschen sehr leicht, wenn die Fähigkeit des Hell Sehens erwacht.

2. **Die vitale Hülle:** prana maya kosa, ist die Hülle in der wir die Chakren (Energiezentren) und Nadis (Energiekanäle) und die fünf Lebenswinde (im Anhang mehr dazu) finden. Diese Hülle hängt mit den energetischen Körperprozessen zusammen: Körpertemperatur, Atmung, Hormonhaushalt u.s.w

3. **Die emotionale Hülle:** mano maya kosa, geistige emotionale Hülle. Hier treffen wir auf Gedanken, Emotionen und Wünsche, die aus dem Ego-Bereich der niedrigen Persönlichkeit hervorgebracht werden. Die hellen und die dunklen Gedanken, das Unterbewusstsein und die Wahrnehmung, die über die 5 Sinne aufgenommen werden und die auf das System wirken, beeinflussen diese Hülle.

4. **Die mentale Hülle:** vijna maya kosa, ist die der Intuition, der lichteren Ebene der Persönlichkeit. Entscheidungskraft und Willenskraft sowie geistige Stärke und Klarheit finden wir hier.

5. **Die kausal Hülle:** ananda maya kosa, die hier vorherrschenden Empfindungen sind Freude und Glückseligkeit. Diese Hülle ist der Bereich, der uns mit den göttlichen Ebenen nach oben und mit den irdischen Ebenen nach unten verbindet. Diese Hülle kann von sehr bewussten Menschen kilometerweit ausstrahlen. Es ist die letzte sichtbare Hülle.

6. **Diese 6. Hülle** wird auch „Jiva“ genannt (individuelle Seele). Die Seelenhülle spüren die meisten nur in tiefer Meditation, zum Beispiel in Form von einem inneren Ton, Klang.

7. **Die letzte Hülle** ist auf der göttlichen Ebene. „Kosmische Hülle“ nennen einige diese Aura Schicht. „Atman“, das höhere Selbst, besteht aus dem reinen Sein.

Meister und Meisterinnen können diese reine Energie wahrnehmen.

Der Energiekörper ist wie ein Schutzraum zwischen dem physischen Körper und der Umwelt. Es ist der „private Raum".
Den eigenen Raum wahrzunehmen und zu spüren ist für einige Menschen nicht so leicht.

Es ist einem vielleicht nicht bewusst, dass Energien die im Außen sind oder andere Menschen unbewusst in unser Energiekörper/ Aura eindringen und unser Feld durcheinander bringen oder stören. Dann fühlen wir uns unwohl, gestresst oder sogar ausgelaugt. Man ist aus seiner eigenen Balance gefallen. Da brauchen wir etwas, das uns hilft wieder in unsere Kraft zu kommen, die Balance wieder herzustellen.

Der erste Schritt ist sich darüber bewusst zu sein:

- Wie fühle ich mich in einer Gruppe von Menschen?
- Wie geht es mir, wenn ich von Freunden oder Nachbarn komme?
- Wie fühle ich mich nach Besuchen von Orten?
- u.s.w

Fühlt man sich danach gestresst oder erschöpft, wäre eine gute Unterstützung sich energetisch zu reinigen und aufzuladen.

Das wäre dann der zweite Schritt:

Den Energiekörper von Fremdenergien zu befreien und zu reinigen ist genauso wichtig, wie seine Wohnung sauber zu halten oder jeden Morgen seine Zähne zu putzen.
Der Umgang mit Energien und der Umgang mit dem eigenen Raum ist wichtig und eine gute Prävention. Denn bevor sich „negative" Energien manifestieren und der physische Körper krank wird, ist es erst in der Aura zu sehen und zu spüren. Reinige täglich dein Energiekörper/ deine Aura, genauso wie du den physischen Körper täglich reinigst. Verbinde dich täglich mit der Erde und lade dich auf, so wie schon beschrieben.

Wie reinige ich meine Aura

Hier sind ein paar Methoden aus meiner eigenen Praxis

- Räuchern mit getrocknetem weißen Salbei: Dabei wird das Räucherwerk leicht geschwungen und um einen herum geführt.

  Räucherst du für eine andere Person, halte das Räucherwerk ca. einen halben bis ganzen Meter von der Person entfernt.

- Einsatz von Klangschalen: Die Klangschalen werden meist als sehr angenehm wahrgenommen und auch hier geht man mit der Klangschale um die Person herum.

- Herzens Feuer: Konzentriere dich auf dein Herz. Atme ruhig ein und aus und stelle dir ein Feuer in deinem Herzraum vor. Es ist dein Seelenfeuer und vielleicht spürst du Wärme oder ein Kribbeln. Wenn sich das Feuer in deinem Brustkorb ausgebreitet hat, schicke das Feuer vom Herzen hinunter zum Steißbein (Wurzel Chakra)und lasse es dort eine Weile, um diese Region zu reinigen. Dann schickst du es wieder zurück zum Herzen und lässt es dort wieder etwas wirken. In deinem Rhythmus fließt es hoch und runter, dabei lädst du dich auf, stärkst und reinigst deine Aura.

- Prana Atmung: Dabei kannst du stehen oder dich in eine bequeme Sitzposition begeben. Atme 7 Zählsekunden ein, halte eine Zählsekunde den Atem und atme 7 Zählsekunden aus. 7:1:7

Einatmen 7 Sekunden, geistig wiederholen: Ich atme Licht ein.
Atem halten, 1 Sekunde , geistig wiederholen: Ich bin Licht.
Ausatmen 7 Sekunden , geistig wiederholen: Ich atme Licht in die Welt.

Durch diese Übung reinigst du nicht nur deinen Energiekörper, du lädst dich auch bewusst mit Licht auf, bist konzentriert und dein System entspannt sich.

Atemübungen werden auch im Yoga gelehrt. Dabei geht es um das bewusste Atmen. Im Mittelpunkt steht dabei Prana, die Lebenskraft. Ohne Prana existiert kein Leben, diese Energie durchdringt alle Lebewesen.
Das Training des Atmens ist wichtig für mentales, physisches und spirituelles Wachstum. Die Atmung ist eng mit der Funktion des Nervensystems verbunden.

Viele Menschen atmen zu flach und können so nur ein Drittel des benötigten Sauerstoffs aufnehmen. Indem man wieder lernt richtig und bewusst zu atmen, können wir unsere eigene Resistenz gegen Stress und seine schädlichen Auswirkungen erheblich steigern.
Durch das Praktizieren von Pranayamas (Atemübungen) lernt man wieder richtig zu atmen. Beim Vorgang der Atmung wird die Luft in die Lunge hinein und wieder aus ihr heraus bewegt.

Das Einatmen bringt Sauerstoff und damit Energie in den Körper und das Ausatmen befördert die Verunreinigungen aus dem Körper und schafft Platz für Prana, die Lebensenergie. Das Ausatmen ist besonders wichtig, weil es Hindernisse für den freien Fluss des Pranas beseitigt.

Die Übung von Pranayamas hat weitreichende, positive Auswirkungen. Der Geist wird gereinigt und beruhigt, die Aufmerksamkeit fokussiert und Konzentration entwickelt, der Stoffwechsel verbessert sich und das Herz-Kreislaufsystem wird unterstützt.

Das Chakra System

Das Thema Aura und Chakren ist so komplex, dass es ein eigenes Buch bräuchte. Dennoch möchte ich es hier erwähnen, da das Wissen über die Chakren bei der Arbeit mit Energie enorm wichtig ist.

Was sind Chakren?

Das Wort Chakra komt aus dem Sanskrit (Alt-Indisch) und heißt so viel wie „Rad". Man kann sie sich wie kleine Energieräder in und außerhalb des Körper vorstellen. Diese Bewusstseinszentren liegen entlang der Wirbelsäule an unterschiedlichen Stellen des Körpers und wirken von dort aus in unsere Aura hinein.

Ist ein Mensch sehr bewusst und beschäftigt sich schon einige Zeit mit seinem Energiekörper, dann verhält es sich mit den Chakren so, wie sie hier beschrieben werden. Der Mensch hat Kontakt mit seiner Schöpfer Kraft, seiner Kundalini Energie, die im Wurzel Chakra liegt. Sie fließt somit schon in einigen Ckakren.

Muladhara Chakra
Wurzelchakra

Muladhara heißt übersetzt Wurzel, Fundament und genau das ist es auch. Dieses Chakra ist die Basis für das gesamte Chakra System. Es ist die Basis unseres Seins. Im Wurzel Chakra liegt die aufgerollte schlafende Kundalini- Energie (Kundalini ist unsere Schöpfer Kraft). Von hier aus entstammen die drei wichtigsten Nadis (Energiebahnen). Ida, die Mental Kraft, fließt an der linken Körperhälfte. Pingala, die Vital Kraft, verläuft an der rechten Körperhälfte. Die Sushumna, die spirituelle Kraft, verläuft in der Mitte an der Wirbelsäule entlang. Es gibt geschätzte 72.000 Nadis, aber nur die drei erwähnten sind die wichtigsten, wenn es um die Erweckung der Kundalin- Kraft geht.
In diesem Zentrum sind all unsere niedrigen Karmas(Handlungen) und Samskarmas (Eindrücke, Erfahrungen) abgespeichert, die die Seele jemals gemacht hat. Wenn das Muladhara Chakra erwacht, kommen diese Informationen in die bewusste Wahrnehmung. Diese Karmas zeigen sich in Emotionen wie Ärger, Hass, Eifersucht... Das Erwachen eines Chakras ist durch spirituelle Disziplinen, wie z.B. Yoga möglich.

Häufige Symbolik: 4 Blütenblätter. Auf jedem dieser Blätter steht ein Sanskrit Buchstabe in Gold geschrieben;
Bija Mantra: Lam (Lang ausgesprochen)
vam, sham, scham, sam
*Bija Mantra , Einsilbiges Wort das getönt wird

Aura Schicht: Die Hülle annamaya, Nahrungshülle, gehört zu diesem Zentrum.

Lage: Bei Männer liegt es zwischen Geschlechtsorganen und Anus. Bei Frauen liegt es im Muttermund.

Zuordnung zu den Organen: Dick- und Enddarm, Blutbildung und Verdauung, außerdem Knochen, Zähne, Knochengerüst.

Element: Erde

Eigenschaften: Urvertrauen, Erdung, Sexualität, Ruhe, Gleichgewicht, Ausdauer, Beständigkeit

Tier: Elefant - Ausdruck für große Bewusstheit

Motivation, Ausdruckskraft: Essen, Schlafen, Ignoranz, Trägheit, alle Leidenschaften,Schuldgefühle, Komplexe.

Swadhisthana Chakra
Zweites Chakra

Das Sanskrit Wort bedeutet Wohnsitz oder Residenz.
Alle positiven wie auch negativen Erfahrungen werden und sind hier ebenfalls abgespeichert. Die Karmas und Samskarmas sind hier, anders wie im Wurzel Chakra, aktiv und beeinflussen uns, was wir häufig nicht bewusst wahrnehmen. Diese gespeicherten Daten lenken unser jetziges Leben. Diese gemachten Erfahrungen aus der Vergangenheit können wir nicht gezielt hervorholen. Allerdings haben sie enormen Einfluss auf unser Verhalten, unsere Einstellungen und wie wir in Situationen reagieren – es ist der Schoß von Glaubens-/ Gedankenmustern.

Lage: Ende der Wirbelsäule, wo das Steißbein sich mit dem Kreuzbein verbindet, Beckengeflecht

Zuordnung der Organe: Geschlechtsorganen, Gebärmutter, Nervengeflecht der Prostata, Blase, Niere, Geschlechtsdrüsen

Bija Mantra: Vam
bam, bham, mam, yam, eam, lam

Element: Wasser

Eigenschaften: Kreativität, Körpergefühl, Wünsche, Leidenschaften, Vertrauen, Fließen

Tier: Krokodil, Fisch - Ausdruck für das animalische Leben

Motivation: Familie, Arterhaltung

Manipura Chakra
Nabel Chakra

Manipura bedeutet „Stadt der Juwelen". Aus diesem Chakra bringen wir Willenskraft, Dynamik, Energie hervor. Wir bekommen die Kraft und Ausdauer. Ein Verlagen, etwas erreichen zu wollen.
Es ist die Sonnenenergie, die wir hier zur Verfügung haben. Der Sitz unserer eigenen Sonne im Sonnengeflecht. Wir werden durch dieses Chakra mit der Pranischen Energie versorgt. Die Lebensabläufe und die Organe werden mit dieser Energie aktiviert und geführt.

Lage: Auf der Höhe des Bauchnabels, Verbindung mit dem Sonnengeflecht. Stoffwechsel und Körperwärme werden hier reguliert. Bauchspeicheldrüse.

Zuordnung der Organe: Bauchspeicheldrüse, Nebennieren, Verdauung

Bija Mantra: Ram
pham, dam, dham, nam, tam, tham, dam, dham, nam, pam

Element: Feuer

Eigenschaften: Wille, Selbstvertrauen, Mut, Kraft, Begeisterung

Tier: Widder - Ausdruck für Dynamik, unerschütterlicher Ausdauer

Motivation: Selbstausdruck, Macht , Ansehen

Anahata Chakra
Herzchakra

Hier liegt der Zugang zu allen schöpferischen Kunstformen wie Malen, Musik, Dichtkunst u.s.w. Es ist das Zentrum der Freiheit. Anders wie in den unteren Chakren, sind wir hier nicht mehr an unser Karma gebunden. Wir sind offen und in der Lage bedingungslos zu Lieben und können unser Leben frei gestalten. Glaubensmuster, Streben nach Anerkennung... all das brauchen wir nicht länger. Wir richten unser Leben nach unserer Seelenaufgabe ein und leben aus dem Herzen heraus. Unser Denken ist frei und nicht mehr von vorbestimmten Karma abhängig.

Lage: In der Mitte des Brustbeins

Zuordnung zu den Organen: Herz, Lunge, ganzer Brustraum, Kreislauf, Blut, Hände, Arme,Herzgeflecht, Thymus Drüse

Bija Mantra: Yam
kam, kham, gam,gham, ngam, cham, chham, jam, jham, nyam, tam, tham

Element: Luft

Eigenschaften: Offenheit, Toleranz, Kommunikation, Weite, Verstehen

Höhere Eigenschaften: Reine Liebe, Hingabe

Tier: Antilope - Ausdruck für Wachsamkeit, Leichtfüßigkeit

Motivation: Dienen, Vision Gottes erfüllen

Vishudda Chakra
Halschakra

Das Wort shuddhi heißt so viel wie reinigen.
Wir nehmen uns und das Leben mit allen Anteilen an. Das Denken in Gut und Schlecht löst sich auf und wir gehen dem „unangenehmen“ Geschehen nicht mehr aus dem Weg oder machen faule Kompromisse.
Wir sind im Fluss des Lebens und lassen uns leiten mit großer Offenheit allem gegenüber. Unser Selbstausdruck und unsere Kommunikationen sind frei.

Lage: Halswirbelsäule, Mitte des Halses, Kehlkopfgeflecht

Zuordnung zu den Organen: Halsknoten, Schilddrüse
Bija Mantra: Ham
am, aam, im, iem, um, uhm, rim, riem, lrim, lriem, em, aim, om, aum, am, ah

Element: Äther - Akasha

Eigenschaften: Kommunikation, Ausdrucksvermögen

Höhere Eigenschaften: reines Sein, unendliche Ausdehnung

Tier: Elefant - Ausdruck für den ätherischen Raum - das Tor zur Befreiung

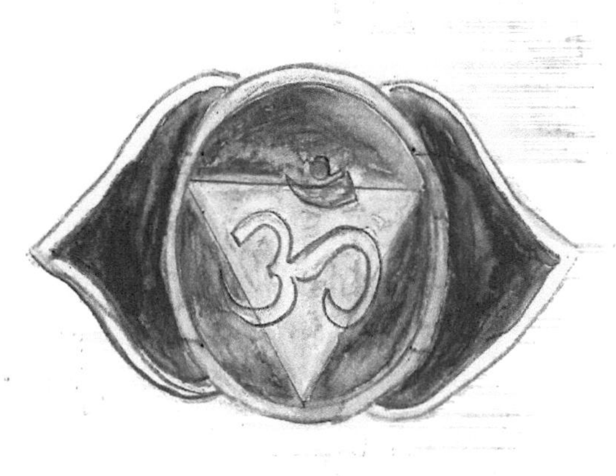

Ajna Chakra
Augechakra

Das Sanskritwort ajna heißt übersetzt Wissen, Gehorchen, Befolgen.
Hier ist der Kontaktpunkt der drei wichtigsten Nadis, die aus dem Wurzel Chakra kommen: Ida, Pingala und Sushumna. An diesem Punkt verschmelzen die drei Kräfte sich zu einem Bewusstseinsstrom. In der Meditation kann das Ego, die Grundlage des Ich-bezogenen Denkens, verschwinden; es ist keine Dualität mehr da. Hier löst sich das individuelle Bewusstsein auf. Samadhi (Über Bewusster Zustand, Einheit) kann erfahren werden.

Lage: Es befindet sich im Gehirn, genau hinter dem Mittelpunkt der beiden Augenbrauen.

Zuordnung zu den Organen: Kleinhirn, Augen, Nase, Hypophyse

Bija Mantra: Aum
ham,(Blüte links) ksam, (Blüte rechts)

Eigenschaften: Intellekt, Intuition, alle geistigen Kräfte

Höhere Einschaften: reines Wissen

Motivation: Selbstverwirklichung

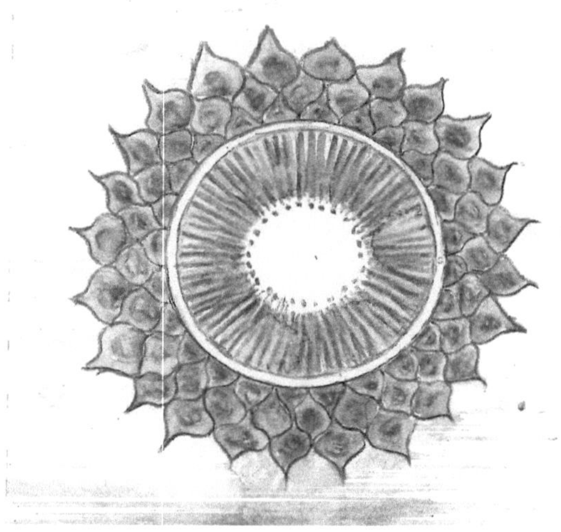

Sahasrara

Sahasrara bedeutet Eintausend. Dieses Zentrum ist kein Chakra. Es nimmt keinen Bezug auf den Geist, wie es die Chakren tun.
Es ist der Gipfel der ausgedehnten Wahrnehmung, die Vereinigung von Bewusstsein und Materie. Es wirkt durch nichts und doch durch alles. Es ist die Vereinigung vom Mensch und dem Göttlichen.

Lage: Scheitel

Zuordnung zu den Organen: Zirbeldrüse

Bija Mantra: Aum

Eigenschaften: Empfangen der göttlichen Gnade

Höhere Eigenschaft: reines Bewusstsein

3.Meditation

Eine weitere Möglichkeit sich zu verbinden, aufzuladen, zu reinigen und zur eigenen Mitte zu kommen ist die Meditation. Du kommst auf eine höhere Schwingungsebene.

Verwechsle die Meditation bitte nicht mit einer Entspannungstechnik, denn das ist sie nicht! Du entspannst dich zwar, das ist aber nur ein netter Nebeneffekt der Meditation. Du bündelst die Energie auf ein Objekt und hältst deine Aufmerksamkeit dort. Mit Übung und Geduld kommst du dann in das Erfahren.
Meditation ist die **Erfahrung** des eigenen Geistes. Es ist die Erfahrung mit deinem höheren Selbst. Zu erleben, wie sich die Dualität auflöst und du **Eins** mit allem wirst/ bist, das ist es, was Meditation ist.
Und um dahin zu gelangen, gibt es verschiedene Formen der Meditation.

Das Objekt der Aufmerksamkeit mag variieren, aber alle Formen der Meditation zielen darauf ab, die mentalen Energien zu zentrieren, zu bündeln, um letztendlich den Geist zu beruhigen. In unserem bewussten Dasein erfahren wir Gedanken, Gefühle und Empfindungen, die unseren Geist füllen, in einem wandelnden Strom an Zerstreuung und innerer Unruhe. Dieser Fluss an Eindrücken und Gedanken ist nicht der Geist.

In der Meditation entfernen wir uns von diesem Fluss und identifizieren uns nicht länger damit. Wir erfahren die **Einheit**.

Die Meditation sollte nicht mit einer leichten Trance verwechselt werden. Es ist ein Zustand gelassener Aufmerksamkeit und nicht geistiger Abwesenheit. Man löst sich währenddessen von seiner eigenen mentalen Ruhelosigkeit und bleibt nach der Praxis zentriert, ruhig und wach. Gleich welche Form der Meditation gewählt wird, erfordert es immer Geduld, Verstehen und Übung.

Übungen

Mit deiner wahren Natur, welche Licht ist, in Kontakt kommen:

- Benutzte wieder die Bauchatmung und versuche in deine Mitte zu kommen, wo es dir möglich ist, einen Zustand von Liebe und Harmonie zu erfahren.

- Erlaube dir nach innen zu gehen, mit der Absicht, dass du das Licht erfahren möchtest, das in deinem Inneren strahlt. Das wird dich in einem Zustand der Einheit mit deinem Schöpfer oder der Kraft des Universums bringen. Erlaube deiner Vorstellungskraft dir dabei zu helfen, dein inneres Licht zu fühlen und zu sehen. Lasse dich von deinem Licht durchstrahlen.

- Die Fähigkeit dein Licht zu teilen und selber davon erfüllt zu sein ist unbegrenzt. Lasse deine Erfahrung eine Ganzkörpererfahrung werden und beginne dein Licht aus deinem Zentrum auszustrahlen. Jede Zelle ist davon erfüllt.

- Sobald du spürst, dass du ganz von deinem Licht erfüllt bist, erfahre, wie du pulsierst in Verbindung mit dem Netz aus Licht.

- Lasse dein Licht ausstrahlen durch deinen pulsierenden Körper.

Zum Beenden nimm ein paar tiefe Atemzüge und bewege langsam deinen Körper.

Verbindung von oben und unten, um sich mit allem zu versorgen

- Setzte dich in eine bequeme Position hin. Gerne draußen in der Natur. Beginne deine Bauchatmung, die du jetzt schon kennst und finde deinen Atemrhythmus und behalte ihn während der Meditation bei. Spüre deinen ganzen Körper.

- Stelle dir nun vor, wie sich deine Sitzhöcker wie Saugnäpfe in den Boden saugen. Fühle die Erde unter dir. Gehe in die Absicht dich über deine Sitzhöcker mit der Erde zu verbinden und lade dich mit der Erdenergie auf, hoch bis zum Scheitel.

- Stell dir vor wie du deine Finger in die Erde steckst und du dich über deine Finger ebenfalls mit Erdenergie auflädst. Fühle die Erde, rieche die Erde, sei ganz verbunden mit ihr. Sei ganz geerdet. Genieße diesen Zustand.

- Nun gehe mit deiner Aufmerksamkeit hoch zum Scheitel, zum Kronen Chakra und verbinde dich über dein Kronen Zentrum mit dem Universum. Stelle dir vor, wie sich dein Kronen Chakra wie eine Lotosblüte öffnet und du dich mit der kosmischen Energie auflädst.

- Fühle deine Verbindung nach unten zur Erde und nach oben zum Universum. Spüre wie du versorgst wirst, mit allem was du brauchst. Du bist mit der Erde und dem Kosmos verbunden und kannst dir alles holen was du jetzt brauchst. Das geht auch in Form von einer Eigenschaft oder einem Gefühl wie Liebe, Frieden. Das ist eine Form der Informationsübertragung von der ich schon sprach.

- Versorge dich so lange, wie du es brauchst und genieße diesen Zustand.

Zum Beenden nimm ein paar tiefe Atemzüge und bewege langsam deinen Körper.

Chakren Meditation

- Nehme eine bequeme Sitzposition ein und beginne mit deiner Bauchatmung. Bleibe bei deiner Bauchatmung während der Meditation.

- Lege deine Aufmerksamkeit in dein Wurzel Chakra, Ende der Wirbelsäule. Spüre dich ganz hinein und beobachte was sich dir zeigt. Vielleicht tauchen vor deinem inneren Auge Bilder oder Emotionen tauchen auf...

  Egal was sich dir jetzt zeigt, bewerte es nicht, analysiere es nicht. **Sei nur der Beobachter.** Es darf sich jetzt alles zeigen, es darf jetzt alles sein. Richte nicht darüber, was jetzt ist.

- Nun gehe mit deiner Aufmerksamkeit zum zweiten Chakra, dem Sakral Zentrum und spüre dich dort ganz hinein. Beobachte nur, gehe nicht in die Analyse oder in die Bewertung. Nimm wahr, was dir dieses Zentrum jetzt zeigen möchte, an inneren Bilder oder Emotionen und Gedanken. **Sei der Beobachter.**

Nach einer Weile gehst du ins 3. Chakra (Sonnengeflecht), dann ins 4. Chakra (Brustraum), ins 5. Chakra (Halsgrube), 6. Chakra (Mitte der Stirn), bis du beim Kronen Chakra (Scheitel) angekommen bist und du so durch alle sieben Haupt Chakren gegangen bist.

Du bist zum reinen Beobachter geworden und hast dich und deine Zentren energetisch gereinigt und aktiviert. Du bist wieder in Kontakt mit dir selber und aufgefüllt mit Energie.

Zum Beenden nimm ein paar tiefe Atemzüge und bewege langsam deinen Körper.

4.Yoga

Yoga ist eine Lebenseinstellung, eine Lebensphilosophie. Es ist so viel mehr wie nur ein paar Körperstellungen (Asanas).

Yoga bedeutet Einheit und Vereinigung...

Yoga hat das Ziel Körper, Geist und Seele in Einheit zu bringen und Ruhe zu erfahren. Das Gefühl der Ruhe stellt sich durch das Praktizieren der Asanas (Körperstellungen) und des Pranayamas (Atemübungen) ein.

Es verjüngt den Körper auf sanfte Weise und befreit den Geist von negativen Gefühlen, die in der Hektik des Alltags entstehen. Es hilft uns physisch und psychisch gesund und zufrieden zu werden und erfüllt uns mit Hoffnung und Optimismus. Jeder von uns hat die Möglichkeit sich selber wirklich kennenzulernen, seinen wahren Kern allen Seins zu erfahren, tiefe innere Erfahrungen zu spüren und spirituell zu wachsen.

Yoga reinigt dein ganzes Energiefeld, lädt dich mit Prana der Lebensenergie auf und verbindet dich mit deinem Sein. Es verbindet dich mit Mutter Erde und dem Universum. Es ist ein Weg, deine Persönlichkeit zu transformieren. Die Erfahrung der Einheit ist möglich.

Wo kommt Yoga her?

Vor vielen vielen tausenden von Jahren lebten in Indien sogenannte „Seher“, Rishis. Diese Rishis haben in tiefer Meditation das Wissen über Yoga empfangen und haben es an ihre Schüler mündlich weitergegeben. Sie haben die Einheit erfahren, sie haben ihr wahres Wesen erfahren. Die Rishis haben sich viel mit Fragen beschäftigt wie:

Wo komme ich her?
Wo gehe ich nach meinem Leben hin?
Was ist der Ursprung von all dem? Wer bin ich?

Später wurde das Wissen dann niedergeschrieben, in den Veden. Die Veden sind die ältesten Schriften. Dort finden sich die ersten Yoga Techniken. Weitere wichtige Schriften sind die Upanishaden, Yoga Sutren vom Meister Patanjali und die Bhagavad Gita. Zwischen 800 v.Chr. und 200 n.Chr. sind diese Schriften nieder geschrieben worden, allerdings sind sich die Indologen über diesen Zeitraum nicht einig.

Es gibt so viel zu schreiben über Yoga und die Schriften. Das sprengt aber den Rahmen und somit erwähne ich hier nur 2 von den 6 klassischen Yoga Richtungen. Sie alle sind Formen der Lichtarbeit. Du wirst mit allem verbunden und dadurch schwingst du automatisch höher und Lichtvoller. Der bekannteste Yoga ist Hatha Yoga und der andere ist Raja Yoga.

Hatha Yoga

Der Hatha Yoga kommt aus der Tantrischen Lehre,dem weißen Tantra (dem Kundalini Yoga). Die Philosophie der beiden Richtungen,Hatha Yoga und Kundalini Yoga, ist deutlich zu unterscheiden, obwohl ihre Techniken sich sehr ähneln .

Hatha Yoga ist der körperorientierte Yoga, aber dennoch arbeitet man gleichzeitig mit den energetischen (pranamaya kosha) und emotional-mentalen Körper (manomaya kosha).

Zusammengesetzt bedeutet das Wort Hatha Yoga Vereinigung, Bemühen.
Das Wort Hatha bedeutet: Sonne (Ha); Sonnenkanal (Pingala) und Mond (Tha); Mondkanal (Ida). Diese beiden Energien, die im Menschen liegen, gilt es zu reinigen und zu harmonisieren.
Der Yogi bemüht sich um eine gesunde und bewusste Lebensführung. Dabei hat er keine Angst davor, eventuell sein Leben umzugestalten und die Eigenverantwortung für sich und sein Leben zu übernehmen.

Laut der Hatha Yoga Pradipika ist das Hauptanliegen dieses Yoga die Befähigung des Raja Yoga, zum citta vritti nirodha,(das zur Ruhe bringen der Gedanken) die Herrschaft über den Geist.

Raja Yoga und der Hatha Yoga gelten als Asthanga Yoga, beide praktizieren die 8 Glieder:

Yama, Niyama, Asana, Pranayama, Pratyahara, Dharana, Dhyana, Samadhi.

Schriften des Hatha Yoga

Die wichtigsten Schriften des Hatha Yoga sind: Hatha Yoga Pradipika, Shiva Samhita, Gerandha Samhita und Goroksha Shataka.
(mehr zu den Schriften siehe Anhang)

Die Techniken des Hatha Yoga sind:

1. Asanas (Körperübungen) als Übungssystem für die Gesundheit auf allen Ebenen (geistig, mental, körperlich), zur Vorbeugung und um Heilungsprozesse zu unterstützten und in Gang zu bringen.

2. Kundalini Yoga: Asanas (Körperübungen), um das Prana (die Lebensenergie) zu aktivieren und zu lenken, die Nadis (Energiekanäle), die Chakren zu reinigen und zu öffnen. Die Erweckung der Kundalini Kraft, die dazu führt das eigene Bewusstsein zu erweitern und das wiederum, führt zur Erleuchtung.

3. Raja Yoga, Meditation& Positives Denken: Das Kontrollieren des Geistes. Den Geist verstehen lernen und somit zur Ruhe zu bringen, in dem man das Prana (Lebensenergie) harmonisiert, lenken und steigern kann, geschieht mit
4. Pranayama

5. Bandhas (werden viel beim Pranayama im Yoga genutzt. Durch das Zusammenziehen bestimmter Muskeln wird das erzeugte Prana im Körper gehalten.)
6. Mudras (Siegel, ist eine symbolische Handstellung, um Energieströme zu stärken oder zu reinigen.)

weitere Empfehlungen sind:

- Reinigungsübungen, wie Nasenspülung, Darmreinigung u.v.m (Kriyas)
- und Tiefenentspannung (Savasana) geübt.
- eine eigene strenge Ernährungslehre.

Raja Yoga

„ Der königliche Yoga“ ist eine Yoga Richtung, die sich mit dem Geist/ Verstand/ Psyche beschäftigt. Raja Yoga ist der Yoga der Konzentration, der Meditation. Der Yogi lernt die Gedanken zu beherrschen und wird sich seiner Gedanken bewusst. Durch Selbstanalyse und Selbstbeobachtung sieht er seine individuellen Glaubens- und Gedankenmuster, die ihn binden und hindern mit Gott Eins zu werden.

„Werde dir deiner Gedanken bewusst und übe dich in Gedankenkontrolle“
Der Geist der Menschen ist grenzenlos. Unsere Gedanken formen unser Leben, formen unseren Körper. Sie sind der Anfang von Allem.
Es geht darum die Programmierungen, die durch vergangene Leben, Erziehung und Gene entstehen, neu zu konditionieren und somit unsere Leben neu zu gestalten.

Patanjali, der Autor der Yoga Sutren, lebte ungefähr zwischen dem 2. vorchristlichen und 4. nachchristlichen Jahrhundert. Er hat die Yoga-Philosophie nicht erfunden, dennoch hat er in seinen Sutren die Wurzel des ursprünglichen philosophischen Yogawegs so bemerkenswert und prägnant zusammen gefasst. Die Sutren basieren auf den Veda und Upanishaden.

Patanjali schreibt:

yoga citta vritti nirodha (yoga sutra 1.2)
„Yoga ist das zur Ruhe bringen der Gedankenwellen des Geistes“

tada drastuh svarupe vasrhanam (yoga sutra 1.3)
„Dann ruht der Sehende in seinem wahren Wesen“

Häufig wird der Vergleich mit dem See für ein besseres Verständnis gebracht:

„Der Geist ist wie ein See, auf dem Grund liegt ein Schatz und die Wellen sind die Gedanken, die den Schatz verdecken“

Die fünf Zustände, die ein Geist (citta) annehmen kann;

1. mudha- träge
2. visipta- abgelenkt
3. ksipta- unruhig
4. ekagra- volle Konzentration, wo intuitive Erfahrung und Erweiterung des Bewusstsein möglich ist.
5. niruddha- vollkommenes Aufhören der Gedanken.

Die vier Teile des Geistes

Antahkatana ist das innere Instrument über das wir mit der Welt kommunizieren, unser Geist.Unser äußeres Instrument ist der physische Körper. Das innere Instrument besteht aus 4 Teilen:

1. Ahamkara= Ego
2. Buddhi = Vernunft, Wille, Urteilskraft, Unterscheidungsvermögen
3. Manas = einfaches Denkprinzip, Wahrnehmung, Gefühle. Man ist sich dessen bewusst.
4. Chitta = Unterbewusstsein, Gedächtnis, Wünsche, Fähigkeiten, Ängste

Auf der Manas Ebene nimmst du alles mögliche wahr. Wenn du jetzt in deinen Geist schaust, tauchen Bilder, Worte, Emotionen auf. Hier ist ständig was los. Es kommen über die Sinnesorgane Informationen der äußeren Welt herein. Dein Handeln geschieht.

Dann kommen noch die Informationen aus dem Unterbewussten, also Chitta dazu. Und aus dem Buddhi werden die Entscheidungen getroffen. Jetzt kommen die Identifikation, die aus dem Ahamkara, dem Ego, stammen. Man identifiziert sich mit den Gedanken, den Emotionen, den einzelnen Wahrnehmungen...

Durch Raja Yoga lernst du mit den Anteilen deines Geistes, die sich im Manas manifestieren, in den Kontakt zu kommen. Dann entscheidest du, wie du handelst und wie du, mit deiner Psyche weiter umgehst. Ein Verstehen tritt ein, da du nun die unbewusste Kommunikation deines Geistes wahrnimmst und siehst, was sich in Manas manifestiert.

Dein höheres Selbst, Atman, kann die Führung übernehmen und die Identifikation können zum Stoppen kommen.

Die Gedanken sind fein Stofflicher Natur und sehr mächtig und real. Sie besitzen Gestalt, Farbe und Größe. Wenn wir aus unseren Körper gehen, bleiben unsere Gedanken bestehen. Sie können nicht „sterben“, es ist das kollektive Feld unserer Gedanken.
Es bleibt bestehen. Daher kann es bei Hell Fühligen / Hellsichtigen Menschen passieren, dass sie spüren, dass der Gedanke der gerade auf taucht, nicht ihr eigener ist. Sie nehmen das kollektive Feld wahr und können dieses Feld auch lesen.

Wenn wir uns bemühen reine Gedanken zu haben, tragen wir dazu bei das kollektive Feld sauber zu halten und hinterlassen und schaden dadurch niemanden.
Es ist so, dass jeder hasserfüllte oder neidvolle Gedanke zuerst mir selber schadet, nämlich meinem Energiekörper, und dann denjenigen, den es treffen soll und zuletzt

der geistigen Atmosphäre.
Jede Handlung wird durch einen Gedanken ausgelöst. Im Denken beginnt die Handlung.

Durch die Gedanken erschaffen wir unsere Welt, unseren Körper und unsere Persönlichkeit. Der Grund für unseren Erfolg, Freude, unsere Gesellschaft, der Grund für ein erfülltes Leben, hängt auch viel von unseren Geist ab, denn wir ziehen das an was wir raus schicken. Magnetismus/ Anziehungskraft.
Ist unser Geist klar und still, ruhen wir in unserer Mitte. Wir können aus den Vollen schöpfen, denn wir sind verbunden mit unserer inneren Kraft, unserer Weisheit, unserem göttlichen Kern. Dadurch sind wir eine große Inspiration und Unterstützung für die Welt.

Programmiere deinen Geist neu und rotte jeden unreinen Gedanken aus. Wir brauchen eine Mental Reinigung und entfernen jeden sinnlosen und negativen Gedanken. Denn sie hindern uns daran, uns mit dem Göttlichen zu verbinden, eins zu werden.
Gedanken verankern sich durch Wiederholungen und dadurch, dass sie kein STOP von uns erhalten. Sie ziehen sich gegenseitig an. Das bedeutet ein negativer Gedanke zieht weitere negative Gedanken an und positive ziehen positive Gedanken an.
Daher gib deinem Geist reine Nahrung, vermeide Tratsch, beschäftige ihn mit positiven Gedanken, mit dem Veda, Bhagavagita oder eben anderen Schriften.

Patanjali „ atha yoga anusasanam" (sutra 1-4)
Nun folgt die Disziplin des Yoga.
Vergiss alles was du bis dahin gelernt hast oder was du glaubst zu wissen. Und befreie deinen Geist von unnötigen Informationen, Tratsch und Begrenzungen.
Übe dich in Meditation und Achtsamkeit.

Telepathie/ Gedankenübertragung

Gedanken bewegen sich. Sie sind nicht an Zeit und Raum gebunden. Somit ist es möglich Informationen aus der Vergangenheit, Gegenwart oder Zukunft zu bekommen oder auch von Verstorbenen. Gedankenübertragung ist von jedem Lebewesen möglich. Die Gedanken haben Formen, manchmal Gerüche und Farben. Sie können als Bilder oder Emotionen oder eben als Wort wahrgenommen werden.

Das, wodurch sich der Gedanke von Geist zu Geist bewegt, der von einem Menschen ausgesendet wird, ist Manas. Dieses Fortbewegungsmittel, Geist Substanz, bewegt sich ziemlich schnell. Er schwingt in der geistigen Atmosphäre, wie zum Beispiel eine Klangschale die man anschlägt, nur noch viel schneller und feiner. Die Schwingung breitet sich aus.

Möchtest du einen unterstützenden Gedanken an jemanden senden, muss es zielgerichtet sein, damit er auch da ankommt, wo das gewünschte Ziel ist.

Um Gedankenübertragung anzuwenden brauchst du einen klaren, ruhigen Geist. Bei einem vollgestopften, mit viel unreinen Gedanken, und wirren Geist ist es nicht möglich Telepathie zu nutzen.

Je mehr wir unseren Geist von Gedanken leeren, desto ruhiger, friedlicher und kraftvoller wird er sein. Die Gedankenwellen verschwinden und wir können Gedanken frei sein.

Astanga Yoga der achtgliedrige Yoga

Die Praxis des Raja Yoga ist achtgliedrig.

Yama (Umgang mit anderen)

- ahimsa (Nichtverletzen)
- satya (Wahrhaftigkeit)
- brahma carya (Keuschheit)
- aparigraha (Unbestechlichkeit)
- asteya (Nicht-stehlen)

Niyama (Regeln des eigenen Verhalten für sich/ Lebensführung)

- sauca (innere und äußere Reinigung)
- santosa (Zufriedenheit)
- tapas (spirituelle Praxis)

- svadhyaya (Studium spiritueller Schriften)
- isvara pranidhana (Verehrung Gottes, das Göttliche)

Asana (Körperhaltungen)

Pranayama (Atemübungen)

Pratyahara (Zurückziehen der Sinne)

Das Zurückziehen der Sinne auf Objekte. Der Praktizierende löst sich Selbst von dem Vorgang seines Geistes. Er identifiziert sich nicht mehr damit.

Dharana (Konzentration)

hier wird die Konzentration geübt, indem man sich nur auf ein Objekt konzentriert.

Dhyana (Meditation)

Samadhi (höchste Bewusstseins Zustand)

das ist die höchste Ebene die ein Mensch erfahren kann. Dort existiert weder Raum noch Zeit. Es ist schwer zu beschreiben.

Raja und Hatha Yoga haben beide acht Glieder/ Regeln, die ausgeführt werden. Im Hatha Yoga geht es um den physischen Körper und im Raja Yoga liegt der Fokus auf den Geist.

Mediation im Raja Yoga

Meditation bedeutet zum einen den Geist auf ein Objekt, eine Idee, einen Aspekt auszurichten, um die Ruhe, die in jedem von uns zu finden ist, wahrzunehmen und

sich damit zu identifizieren. Dadurch hören die Wellen der Gedanken mit viel Übung auf. Du erfährst die Einheit.

Unser Geist kann nur mit einer Sache zur selben Zeit beschäftigt sein. Die Täuschung, dass wir denken, wir können an mehrere Sachen gleichzeitig denken, kommt durch die Schnelligkeit der Gedanken und Emotionen, die in unserem Geist herrschen.
Dieses Umher hüpfen des Geistes nimmt viel Kraft in Anspruch und wir fallen aus der Entspannung/ Ruhe des Eins Sein. Es ist keine Klarheit mehr vorhanden.
Wie brauchen ein Meditation s Objekt, auf das wir unseren Geist richten.

Wir können aber auch in die Meditation fallen. Dann sind wir auf einer höheren Ebene, auf der wir wahren Frieden, bedingungslose Liebe, Freude und Glückseligkeit erfahren. Wir sind mit unserem Atman verbunden, unserem wahren Sein.

Selbst Härte und die Furcht vor der Freiheit halten die Menschen davon ab, wirklich spirituell zu wachsen.

Wichtiges zu beachten

Zum Meditieren wäre es gut eine ruhige und angenehme Umgebung zu schaffen. Vielleicht hat man die Möglichkeit einen Teil des Raums abzutrennen, so dass dieser Bereich nur für die Meditation genutzt wird. Laut den Schriften ist die beste Zeit für die Meditation früh am morgen, so gegen 4 – 6 Uhr. In dieser Zeit ist der Geist noch sehr ruhig und klar. Man sollte sich in Richtung Norden oder Osten setzten, um die magnetische Schwingung zu nutzten.

Eine bequeme Sitzposition ist einzunehmen und gehe in die Absicht den Geist ruhig zu halten und unterstützte dies, in dem du ein oder zwei Atemübungen machst. Dann lass die Atmung ruhig und gleichmäßig fließen, das reguliert das Prana.
Die Atmung hängt mit der Aktivität des Geistes zusammen. Viele Menschen atmen zu flach und die Gedanken springen umher, der Geist ist unruhig. In dieser Situation ist Meditation nicht möglich.
Ist die Atmung ruhig und gleichmäßig, wird der Geist auch ruhig. Die Gedanken verlangsamen sich und ein wahres Wahrnehmen der Gedanken wird möglich.

Die Gedanken werden weniger und ruhiger und man ist bereit für die Meditation.

Konzentriere dich auf ein Meditation s Objekt oder dein persönliches Mantra oder gehe mit deiner Aufmerksamkeit zu einem Chakra, zum Beispiel: Herzzentrum. Bleibe während der Meditation bei einem Objekt. Dies sollte während der Konzentration/Meditation nicht geändert werden. Ein Mantra kann laut oder geistig wiederholt werden.

Gehirnwellen, Metabolismus und Atmung werden langsamer, wenn die Meditation tiefer wird.

Am Anfang der Praxis wäre es gut mit der Dauer von 10 Minuten zu beginnen. Wenn du regelmäßig übst, wird die Dauer angepasst.

Letzten Endes musst du schauen, wie du dein Üben und die Regelmäßigkeit deiner Praxis in dein Leben integrieren kannst. Dafür musst du nicht die Lotus Position oder im Schneidersitz sitzen.

Meditiere um eine Uhrzeit, die für dich gut passt, denn echte Fortschritte wirst du erst durch die Regelmäßigkeit erhalten. Das ist das wichtigste.

Bemühe dich darum gelassen an die Praxis zu gehen. Vielleicht gelingt es dir am Anfang nicht sofort deinen Körper in einer Position ruhig zu halten. Vielleicht lässt sich dein Geist nicht sofort auf die Meditation ein, weil die Gedanken über dich herfallen. Oder dir wird schrecklich langweilig. Dann mache dir bewusst, dass das Anteile der Persönlichkeit / Ego sind und die möchten nicht meditieren. Warum? Das Ego wird durch Meditation transformiert. Du identifizierst dich immer mehr mit deinem wahren Selbst und nicht länger mit dem bindenden, ängstlichen Ego. Du wirst ruhiger und ausgelassener sein, stärker und strahlender. Du wirst anders schwingen.

5. Privat oder beruflich Lichtarbeit anwenden

Ganz gleich ob du dich selber, deine Familie oder ob du beruflich eine Form der Lichtarbeit praktizierst. Wichtig ist es, dabei aufmerksam zu sein und dass bewusst mit der Energie umgegangen wird.

Es ist ratsam, dass der Praktizierende bei guter Gesundheit ist, sowohl physisch wie auch mental und emotional. Egal ob Prana Heiler oder ob jemand Reiki anbietet: Er bietet sich als Kanal für die kosmische Energie an. Das bedeutet es fließt durch das System von dem Praktizierenden, also dem „Heiler". Wenn also der Prana Heiler nun selber emotional instabil ist, dann wirkt es sich unweigerlich auf den Patienten aus.

Die kosmische Energie ist nun nicht so rein wie sie ursprünglich war. Der Kanal /des Prana Heilers, durch dem die Energie geflossen ist, ist ein verschmutzter Kanal und dieser Schmutz wird bei der Energieübertragung mit fließen. Das ist sehr ungünstig, da der Patient sich nach der Behandlung wahrscheinlich emotional aus dem Gleichgewicht fühlt und weiß gar nicht genau warum. Genauso kann es sich auch auf körperlicher Ebene oder mentaler Ebene auswirken.

Es wäre also schön wenn du dich selbst vor jeder Behandlung prüfst: Wie geht es mir? Bin ich stabil genug, um eine Behandlung durch zu führen?

Reinigen von Räumen und Arbeitsmaterial

Bei jeder Behandlung entsteht energetischer Schmutz. Was bedeutet energetischer Schmutz?
Auf unseren Computer haben wir Antivirenprogramme. Programme die den Computer von Müll und Viren befreien sollen. So kannst du dir das mit dem energetischen Schmutz vorstellen: Du siehst ihn nicht, aber dennoch ist er da.
Wir hinterlassen einen energetischen Fingerabdruck, wo auch immer wir sind. Sei es nun ein mentaler Abdruck, durch unsere Gedanken oder durch unseren Energiekörper/ Aura.

Da wäre es doch schön, wenn wir darauf achten unser Energiefeld und somit unsere Gedanken sauber zu halten. Dies geschieht indem wir uns täglich um unsere Aura kümmern und sie reinigen, genauso wie wir täglich unseren physischen Körper reinigen und versuchen unsere Gedanken positiv zu halten.

Wir hinterlassen also in Räumen und auf Gegenständen einen Abdruck. Wenn du eine Behandlung durchgeführt hast, egal ob an deinem Haustier oder einem Familienmitglied, wäre es sinnvoll den Raum energetisch zu reinigen. Und sollte eine Liege benutzt werden auch diese zu reingen.

Wie mache ich das?

- **Salz:**

Eine einfache, aber dennoch sehr effektive Möglichkeit ist das Aufstellen von Salzschalen. Dabei muss sie gar nicht groß sein oder mitten im Raum stehen. Eine kleine Schale mit Salz auf einem Schrank oder hinter einer Vase stellen und fertig. Salz hat die wunderbare Eigenschaft negative Energien zu binden. Die Schale wird regelmäßig gewechselt und mit frischem Salz erneuert.
Viele meiner Klienten haben berichten, dass sie nach dem Aufstellen von Salzschalen in ihrem zu Hause wieder freier Durchatmen konnten oder das sie bemerkten, dass sie wieder einen aufgerichteten Gang haben.

- **Räuchern mit Weihrauch oder Salbei:**

Dabei werden alle Ecken, die im Raum sind, geräuchert. Man geht geistig in die Absicht den Raum und das Arbeitsmaterial zu reinigen. Gehe ebenfalls in die Absicht, die verschmutzte Energie an die Erde oder an das Universum abzugeben. Dort wird die Energie transformiert und kann wieder neu genutzt werden, entweder von der Erde oder dem Kosmos.

- **Mantren singen:** Alles hat eine Schwingung

Im Mantra werden heilige Silben, Sätze oder ein heiliges Wort, wie das Aum, gesungen oder geistig wiederholt. Es ist eine spirituellen Kraft, eine spirituelle Schwingung, die durch das Rezitieren manifestiert werden kann. Es ist eine alt-indische Sprache die Sanskrit heißt und im Yoga und in der Meditation häufig verwendet wird.

- **Lichtsäulen oder violettes Licht:**

Das ist eine geistige Form der Reinigung. Du stellst dir vor wie eine Lichtsäule oder violettes Licht durch den Raum wandert und den energetischen Müll verschlingt. Bleibe während dessen in der Absicht den Raum und die Gegenstände zu reinigen. Violettes Licht oder auch kristallklares Licht hat eine sehr reinigende Wirkung. Mit hellem Grün zum Beispiel arbeitet man, wenn du Wunden oder Risse in der Aura schließen/heilen möchtest.

Vielleicht denkst du jetzt, oh je das dauert aber lange...
Wenn du aber offen dafür bist und dich drauf einlässt, wird es zu deinem Alltag. Am Anfang mag es eventuell etwas aufwendig sein, aber dadurch, dass du es täglich anwendest, gehört das Reinigen zu deiner Praxis und du benötigst nicht mehr so viel Zeit wie vorher.

Ich habe nach jeder Yoga Stunde meinen Raum energetisch gereinigt, bevor die nächste Gruppe eintreten konnte und das ist auch in meiner Praxis so. Bevor der nächste Klient herein kommt, wird erst der Raum und das Arbeitsmaterial gereinigt.

Um Lichtarbeit anzubieten und zu praktizieren gibt es eine Menge verschiedener Methoden. Wichtig ist auch, dass du immer eine positive Grundhaltung während einer Behandlung hast.
Hier sind drei Methoden beschrieben, die leicht zu erlernen sind. Egal ob Reiki oder Kinesiologie, es erfordert auf **jeden Fall eine Schulung/Ausbildung,** um damit arbeiten zu können.

1. **Reiki**

Reiki stammt aus Japan und ist eine Form des Handauflegens. Es ist eine altbewährte Heilkunst, die vom buddhistischen Mönch Mikao Usui im 19. Jahrhundert wieder entdeckt und verbreitet wurde.

Das Wort Reiki setzt sich zusammen aus den Elementen „Rei“ und „Ki“ und bedeutet universelle / göttliche Lebensenergie. Es hat schon immer Menschen gegeben, die durch das Auflegen der Hände Heilenergien an andere Menschen weitergaben. Der Reiki- Praktizierende dient als Kanal für die kosmische Lebensenergie und leitet diese über seine Hände weiter.

Bei einer Behandlung durch Reiki kommt dein Körper in einen Zustand tiefer Entspannung. Die Selbstheilungsprozesse werden aktiviert und vorhandene Blockaden können sanft gelöst werden.

Diese Form der Energiearbeit ist ein ganzheitlicher Ansatz und wirkt auf körperlicher, emotionaler und geistiger Ebene.

Übung

- Um sich selber mit Reiki zu versorgen, braucht es keine Doktorarbeit. In der Regel fängt man am Kopf an und endet an den Füßen. Dabei konzentrierst du dich darauf, eine positive Grundhaltung aufrecht zu erhalten und lässt die kosmische Energie durch deine Hände fließen. Dabei kannst du dir vorstellen, wie dein innerer Kanal sich öffnet (die Wirbelsäle entlang) und die Energie fließt. Lasse die Reiki Energie nun aus deinen Händen fließen.

- Schenke dir über deine Hände alles was du jetzt brauchst, Licht, Vertrauen, Kraft...

Aufnahme von Reiki/Kosmischer Energie für jemand anderen

- Vielleicht spürst du ein Kribbeln oder die betroffene Körperstelle, an der die Hände aufliegen, wird warm. Das sind Zeichen dafür das die Energie fließt. Es kann auch sein das sich plötzlich Emotionen zeigen oder alte Erinnerungen auftauchen. Egal was sich dir zeigt, nimm es an, lass es zu. Es darf sich jetzt zeigen und dann lass es los. Damit die Heilung beginnen kann.

Möchtest du Reiki anbieten oder deine Praxis vertiefen, braucht es einen Reki Meister, der dich in den Graden einweiht. Dabei erfährst du die Geschichte und die Symbole ebenso wie die korrekte Ausführung einer Behandlung bei einer anderen Person. Du lernst die Chakren Lehre (Energiezentren) und die Umsetzung einer Einweihung.

Reiki Ausbildung:

Im 1. Grad geht es darum sich für die Lebensenergie zu öffnen, sowie die Geschichte und Theorie des Reiki und die verschiedenen Behandlungsformen zu erlernen.

Im 2. Grad geht es um das Erlernen der drei Symbole und deren Anwendung. Damit ist es Dir möglich Fernbehandlungen und Raumreinigungen durchzuführen.

Der 3. Grad, dem Meistergrad. Hier lernt der Schüler das Meister Symbol kennen und wie eine Einweihung abläuft.

Prana-Heilung

wurde vom Grandmaster Choa Kok Sui verbreitet. Die Lebensenergie, Prana, (Energie, Licht) kann viele verschiedene Qualitäten haben. Die Aufnahme der Lebensenergie wirkt sich positiv auf das eigene Energiefeld/Aura aus.

Bei der Prana- Heilung geht es darum die verschmutzte Energie aus der Aura zu beseitigen und das Energiefeld mit frischem Prana zu versorgen.

Der Prana Heiler ertastet den Energiekörper, die Beschaffenheit, die verschiedenen Schichten der Aura und die Energiezentren (Chakras). Ungleichgewichte werden erfühlt, genauso wie Risse oder Löcher. Diese werden dann durch Licht Prana wieder geschlossen. Das Ertasten der Aura ist Übungssache. Übe regelmäßig mit einer Freundin/Freund die Aura des anderen zu erfühlen. Lass dich drauf ein und sei offen.

Übung

Fahre mit einer Hand, mit etwas Abstand vom Körper von deinem Freund/Freundin, von oben nach unten die Aura ab. Streiche vorne am Körper, links, rechts und hinter den Körper, die Aura ab.

- Erfühlst du dann in der Aura Risse oder Löcher, arbeitest du mit hell grünem

  Licht, in dem du eine Hand Richtung Himmel hältst und du so aus dem Kosmos das grüne Licht aufnimmst und mit der anderen Hand das Licht an den Freund abgibst, um diesen Bereich zu reinigen.

- Du bekommst einen Impuls wie lange das hell grüne Licht gebraucht wird. Danach nutze hellblaues Licht, um den Bereich zu schützen und zu stabilisieren. Fahre dann weiter fort mit dem Ertasten der Aura. Vertraue deiner Intuition.

- Zum Schluss versorge die Aura deines Freundes/Freundin mit goldenem Licht, in dem du dir diese Lichtqualität aus dem Kosmos holst.

Durch diese Technik werden die Selbstheilungskräfte aktiviert, sowie die Regeneration der körperlichen und geistigen Kräfte gefördert.

All das geschieht ohne Berührung des physischen Körpers.

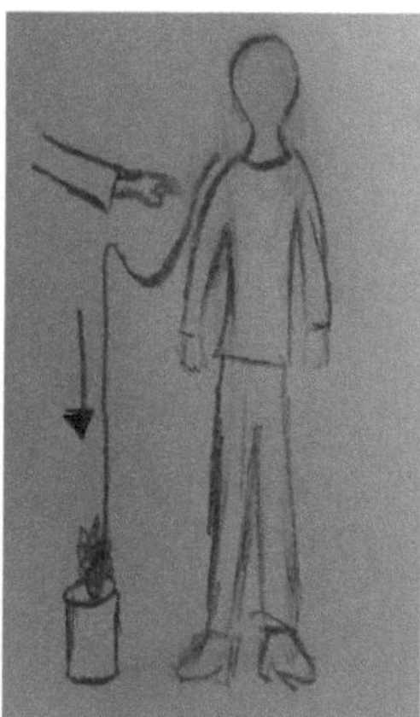

Benutzte immer einen energetischen Mülleimer. Das kann ein Eimer mit Salzwasser sein, oder du stellt ihn dir geistig vor. Dort kommt die verschmutze Energie hinein, die beim Säubern der Aura entsteht. Du kannst deine Hände über den Eimer auch ausschütteln.

Die verschiedenen Lichtqualitäten:

Hellblaues Licht: antibakteriell, schützend, klärend, kühlend

Hellgrünes Licht: antibakteriell, reinigend, lockert Energiestauungen, heilende Wirkung

Silbernes Licht: wirkt wie ein Schutzschild, das alles an Fremdenergien zurück wirft.

Goldenes Licht: reinigend, heilend und wärmend.

Violettes Licht: reinigend, kräftigend und sorgt für Transformation, Klarheit

Orangenes Licht: Zieht negative Energie raus und wirkt ableitend, reinigend, löst alles auf was blockiert oder sich staut.

Rosa Licht: Liebe, Heilung des inneren Kind, Annahme.

Weißes Licht: reinigend, klärend, indem es dabei unterstützt zur Wahrheit geführt zu werden, Neubeginn.

Kinesiologie

Kinesiologie stammt aus dem griechischen und bedeutet „Lehre der Bewegung". Es ist eine Körperfeedback-Methode, bei dem als Werkzeug der Muskeltest eingesetzt wird. Durch diesen Test ist es möglich, die Energieebenen zu überprüfen und sofort zu spüren. Der Muskeltonus verändert sich, wenn wir zum Beispiel "ja" oder "nein" sagen und dieses Feedback wird für den Test genutzt

In der Kinesiologie ist das wichtigste Werkzeug der Muskelarmtest.

Wie funktioniert dieser Test ?

Der Klient streckt einen Arm waagerecht aus und der Kinesiologe gibt einen leichten Druck auf den Arm, um zu prüfen ob der Arm sich senkt oder eben nicht. Senkt sich der Arm, ist das ein Zeichen darauf, dass der Körper im Ungleichgewicht ist.

Durch gezieltes Fragen ermittelt der Kinesiologe nun welche Ursache dahinter steht. Dadurch können mit verschiedenen Techniken eventuelle Glaubensmuster aufgelöst werden.

Blockaden, Stress, Traumata oder Schocks werden aufgelöst. Der Energiefluss kann wieder frei fließen und die Selbstheilungskräfte werden aktiviert und das System kommt in die Balance.

Der Körper des Klienten gibt eine klare Rückmeldung darüber, was er braucht und wie weit er in einer Sitzung gehen möchte. Es ist eine sanfte Methode um wieder angeschlossen zu sein. Seine Muster, die vielleicht durch die Erziehung eingespeichert wurden, sanft zu lösen, um so in die Selbstbestimmung zu kommen. Ein Verstehen tritt ein, darüber warum man in bestimmten Situationen immer wieder gleich handelt, obwohl man eigentlich anders reagieren möchte. Genauso klärt es auf, warum einige Ängste da sind, die man sich nicht erklären kann, u.v.m. wird dem Klienten durch eine Sitzung klar. Er findet den Zugang zu sich selbst wieder und lernt sich neu oder besser kennen.

6. Verbindung nach Oben

Wir brauchen also die Verbindung zur Erde, die Verbindung zu uns selber. Wieder angeschlossen sein, selber in der Lage zu sein sich mit allem zu versorgen was wir brauchen. Wir sind ein Teil von allem, wir sind Eins mit allem und es wäre schön, wenn wir uns wieder daran zurück erinnern, dass wir ohne einander nicht existieren können. Dass wir wieder lernen auf einander zu achten, im gegenseitigen Respekt und in der Wertschätzung allem gegenüber.
Und so wie wir die Verbindung zur Mutter Erde brauchen, so brauchen wir auch die Verbindung zum Kosmos.
Wir sind auch Eins mit dem Universum und brauchen die Energien des Alls um zu unserer inneren Stärke und Weisheit zu gelangen, um auf allen Ebenen zu wachsen und gesund zu sein. Genauso um unser Bewusstsein zu erweitern und um unser Leben aus einer höheren Perspektive aus zu betrachten. Das Universum ist genauso bereit mit uns in den Kontakt zu gehen wie Mutter Erde.
Es ist alles da und wir sind fähig in Liebe und Achtsamkeit die Fülle des Lebens zu uns zu holen. Also worauf warten wir?

Übung
Lichtkugel

Nimm eine bequeme Sitzposition ein und atme deine Bauchatmung. Bleibe in deinem Atemrhythmus.

- Stelle dir eine große leuchtende Lichtkugel, ca. 20 - 30 cm über deinem Kopf vor. In ihr ist alles vorhanden was du brauchst.

- Gehe in die Absicht dein Kronen Chakra zu öffnen wie eine Lotosblüte.

- Dann beginne damit dich mit dem zu versorgen, was du jetzt gerade brauchst, in dem du dich mit der Lichtkugel verbindest. Hole dir Liebe.. Kraft... Licht und atme´diese Energie in jede Zelle deines Körpers ein.

- Ziehe die Energie aus der Lichtkugel bis hinunter zu deinen Füßen, versorge dein ganzes Sein damit. Lade dich so lange auf, bis du das Gefühl hast, dass du gut versorgt bist.

Zum Beenden nimm ein paar tiefe Atemzüge und bewege langsam deinen Körper.

Sonnenkraft

Setzte dich bequem hin oder stehe entspannt und doch aufgerichtet und beginne mit deiner Bauchatmung. Finde wider deinen Atemrhythmus.

- Stelle dir vor, wie sich dein Kronen Chakra öffnet, wie eine Lotosblüte und du dich mit deiner Bewusstheit nach oben ausdehnst.

- Visualisiere dir die Sonne, wunderschön, groß und kraftvoll. Siehe wie du dich über dein geöffnetes Kronen Chakra mit der Sonne verbindest. Genieße ihre Schwingung, ihre Energie.

- Beginne nun damit, die Sonnenkraft einzuatmen. Vertiefe aber den Atem nicht. Atme diese Kraft in jede Zelle ein. Atme diese Kraft auf allen Ebenen ein, bis du ganz voll damit bist.

- Versorge dich damit ganz und gar. Die Sonne stärkt deine Eigenschaften wie Mut, Willensstärke, Ausdauer und Entschlusskraft.

Zum Beenden nimm ein paar tiefe Atemzüge und bewege langsam deinen Körper.

Spazieren gehen im Weltall

Setzte dich bequem hin oder stehe entspannt und doch aufgerichtet und beginne mit deiner Bauchatmung. Finde wieder deinen Atemrhythmus.

- Spüre in deinen Körper hinein. Nimm ihn ganz wahr.

- Dann richte deine Aufmerksamkeit in dein Kronen Chakra und stelle dir vor, dass sich dieses Chakra öffnet wie eine Lotusblume.

- Dehne deine Bewusstheit nach oben hin aus und erlaube dir, dass deine Vorstellungskraft dir dabei hilft. Stelle dir die Planeten vor, die Sonne, den Mond und so weiter.

- Stelle dir vor wie du einen Spaziergang durch das Universum machst und du dir alles genau anschaust.

- Genieße die Schwingung,

- Was nimmst du wahr? Was hörst du? Was fühlst du?

- Nimm alles bewusst wahr und lade dich auf, verbinde dich mit der Energie des Kosmos.

Zum Beenden nimm ein paar tiefe Atemzüge und bewege langsam deinen Körper.

Tipp: mache eine paar Atemübungen und fühle den Boden unter deinen Füßen, bewege ca. 5 bis 10 Minuten deinen Körper, um wieder ganz zurück zu kommen.

Anhang

Hatha Yoga Pradipika:

Vermutlich zwischen den 13. und 17. Jahrhundert wurde die Pradipika vom Yoga Meister Swatmarama geschrieben. Sie beinhaltet 643 Verse und vier Kapiteln. Das Wort Pradipika bedeutet, Licht, Leuchte. Hatha Yoga Pradipika bedeutet, Licht auf das Hatha Yoga, Ha (Sonne) Tha (Mond). Die Erfahrung der Einheit.

diese vier Kapitel lauten:

- Yamas und Niyamas: Regeln des eigenen Verhalten sich selbst gegenüber, aber auch anderen gegenüber, zum Beispiel ahimsa (Gewaltlosigkeit im Denken und Handeln) sattwige (rein) Lebensführung, die yogische Ernährung und die Asanas (Körperstellungen)

- das Prana, Pranayama (Atemübungen), Kriyas (Reinigungstechniken wie Nasenspülung...)

- Kundalini Energie. Die Erweckung der Kundalini Kraft. Die Chakren (Energiezentren), Nadis (Energiekanäle) und Mudras (Verschlüsse, z.B. Beckenboden anspannen).

- Meditationstechniken: Pratyahara, Dharana, Dhyana, Samadhi. Nada Yoga

Es geht um die Befreiung des Aspiranten. Das ist der Grund warum Swatmarama die Pradipika geschrieben hat.
Den Aspiranten dabei helfen sich von den Illusionen zu befreien, man sei seine Gedanken, seine Emotionen, man sei „nur der Körper", sich nur auf das zu begrenzen. Es geht darum sich davon frei zu machen und zu erfahren, dass man gesund und voller Energie ist, dass man reines Bewusstsein ist.

Shiva Samhita

In der Shiva Samhita geht es um den unverfälschten Hatha Yoga.

Indologen sagen gerne, es ist irgendwann im 17. Jahrhundert geschrieben worden, aber genau weiß man es nicht. Die älteste Aufzeichnung stammt wahrscheinlich aus dem 17. Jahrhundert.

Es ist ein Gespräch zwischen Shiva und seiner Frau Parvati.

In der Shiva Samhita finden wir nicht nur den Hatha Yoga, sondern auch etwas über den Jnana Yoga (Vedanta „Wer bin ich" ?). Das Erfahren, dass man Brahman ist, das höchste Bewusstsein. Genauso kommen Raja Yoga und Kundalini Yoga vor.

1. Im erste Kapitel : geht es um Vedanta, die philosophische Beschreibung um die Befreiung zu erlangen.

2. Im zweiten Kapitel: die Beschreibung des Mikro- und Makrokosmos. Der Mikrokosmos im Mensch, mit den Nervenzentren, Ida, Pingala und Sushumna, den Chakren und dem Jivatman (individuelle Seele) im physischen Körper.

3. Im dritten Kapitel geht es um die Yoga Praxis. Es werden die Vayus (Winden im Körper) beschrieben genauso wie das Prana, den Guru und sein Schüler und Pranayama.

4. Im vierten Kapitel geht es um die Kundalini, Bandhas und Mudras. Das gezielte Einsetzten der Bandhas und Mudras, um die Kundalini Kraft zu erwecken.

5. Im fünften Kapitel geht es um die Beschreibung der verschiedenen Hindernisse, die dem Aspiranten auf seinem Weg zur Befreiung im Weg stehen. Raja Yoga, die 7 Haupt Chakren, sowie die mystischen Klänge kommen ebenfalls vor.

Goraksha Shataka

"Die hundert Verse (wörtliche Übersetzung) des Yoga Meister Goraksha Natha" wurde ungefähr zwischen dem 9. /11. Jahrhundert geschrieben und ist einer der vier klassischen Hatha Yoga Schriften.
Die drei anderen sind Hatha Yoga Pradipika, Gheranda Samhita und Shiva Samhita.

Hier wird also der Yoga der Körperarbeit als eine Leiter zur Befreiung erklärt.
In 101 Slokas beschreibt er den Kernpunkt der Hatha Yoga Praxis. Einige dieser Verse finden wir in der Hatha Yoga Pradipika wieder.
Die Chakren, die Nadis , die Vayus und die Kundalini werden erklärt. Es ist eine gezielte Anleitung über Kundalini Yoga, die zur Erleuchtung führen kann. Besonders die Meditation und die Elemente sowie die Chakren werden beschrieben, die zur Samadhi führen sollen.

Gheranda Samhita

Verfasst vermutlich im 17. Jahrhundert n.Chr. Die Gheranda Samhita umschließt je nach Ausgabe sieben Kapitel in 300- 450 Verse.

Sie ist die wortreichste der klassischen Hatha Yoga Schriften. Die Shiva Samhita hat zwar insgesamt mehr Verse, allerdings geht es in der Samhita auch um Vedanta und anderen Yoga Richtungen, wohingegen die Gheranda Samhita sich ausschließlich um den Hatha Yoga dreht. Großen Wert legt die Gheranda Samhita auf die subtilen Wirkungen des Hatha Yoga.

Die 7 Sadhanas (Praktiken)

1. Kriyas = Reinigungstechniken für den physischen Körper
2. Asanas = 32 Asanas werden beschrieben
3. Mudras = 25 Mudras werden beschrieben

4. Pratyahara = zurückziehen der Sinne. Es werden 5 verschiedene Techniken dazu erklärt
5. Pranayama = 10 Atemübungen werden erläutert
6. Dhyana = 3 Meditationstechniken werden beschrieben
7. Samadhi = es werden 6 Techniken erläutert um Samadhi zu erlangen

Die 5 Vayus (Winde)

Das fein stoffliche Prana, das in vielen verschiedenen Formen das Lebens durchdringt, kann man weiterhin unterteilen. Die 5 Vayus haben verschiedene Aufgaben in unserem physischen Körper.

Durch verschiedene Methoden werden die 5 Winde harmonisiert. Wenn die Vayus aus der Balance sind, ist auch unser Körper aus dem Gleichgewicht und wird krank.

	Bereich	**chakra**	**Funktion**
Prana:	Brust	anahata/Herz	Atmung
Apana:	After, Bauch	Muladhara/Wurzel Swadhisthana/zweites Zentrum	Ausscheidung/Fortpflanzung
Samana:	Bauch	Manipura/Solarplexus	Verdauung
Udana:	Hals	Vishudda/Hals	Nerven, Schlaf, Hormone, Kommunikation
Vyana:	Ganzer Körper	Alle chakren	Muskeln und Kreislaufsystem

Printed by Books on Demand GmbH, Norderstedt / Germany